Analyse de l'œuvre

Par Emmanuelle Laurent
et Pierre-Maximilien Jenoudet

Eugénie Grandet

d'Honoré de Balzac

lePetitLittéraire.fr

Rendez-vous sur lepetitlitteraire.fr et découvrez :

Plus de 1200 analyses
Claires et synthétiques
Téléchargeables en 30 secondes
À imprimer chez soi

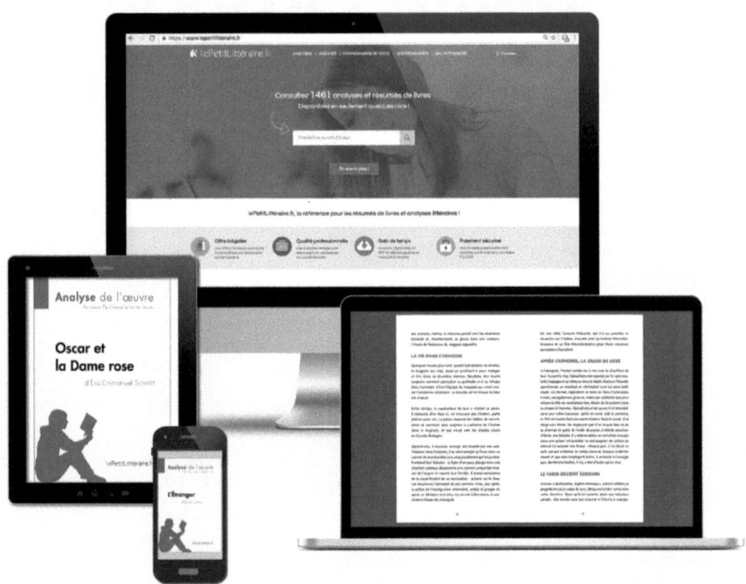

HONORÉ DE BALZAC

ÉCRIVAIN FRANÇAIS

- **Né en 1799 à Tours**
- **Décédé en 1850 à Paris**
- **Quelques-unes de ses œuvres :**
    - *Les Chouans* (1829), roman
    - *Le Lys dans la vallée* (1836), roman
    - *Le Père Goriot* (1835), roman

Honoré de Balzac est l'un des écrivains français majeurs du XIXe siècle. Jeune homme, il s'ouvre les portes des milieux aristocratiques parisiens qu'il ne cessera de fréquenter. Mais des entreprises désastreuses et un train de vie excessif le ruineront rapidement : l'écriture littéraire, pratiquée avec passion et assiduité, deviendra pour lui le seul moyen de rembourser ses dettes.

Ambitieux, il s'attèle à une œuvre monumentale, *La Comédie humaine*, qui compte plus de 90 romans, et dont le but est de dresser un portrait exhaustif de la société de son temps afin de « faire concurrence à l'état civil ». Parmi ses romans les plus célèbres, on trouve *Eugénie Grandet* (1833) ou *Le Père Goriot*.

Balzac est considéré comme l'un des pères du roman réaliste moderne.

EUGÉNIE GRANDET

UNE RÉVOLUTION DANS LE ROMAN

- **Genre :** roman
- **Édition de référence :** *Eugénie Grandet*, Paris, GF Flammarion, 2000, 295 p.
- **1ʳᵉ édition :** 1833
- **Thématiques :** province, argent, amour, avarice, mariage

En 1833, Balzac poursuit son travail de classification de ses écrits afin de produire un ensemble cohérent qui formera *La Comédie humaine* en 1842. On trouve dans cette grande fresque littéraire une partie intitulée « Études de mœurs » composée de différentes sous-parties comme les « Scènes de la vie parisienne », les « Scènes de la vie privée » ou encore les « Scènes de la vie de province ». C'est dans cette dernière que se trouve le roman *Eugénie Grandet* publié à la fin de l'année 1833.

L'intrigue se déroule à Saumur et met en scène le père Grandet, un homme très riche mais très avare, et sa fille Eugénie, une jeune femme douce et délicate. On assiste donc à la confrontation du vil et de l'admirable dans le cercle privé, mais dans une province où tout le monde sait tout de ses voisins. La révolution romanesque voulue par Balzac est en marche : le roman ne s'inspire plus de la vie mais il en copie les bassesses avec réalisme...

RÉSUMÉ

PHYSIONOMIES BOURGEOISES

Le roman débute par la description de son cadre : la ville de Saumur qui devient par synecdoque la représentation de toutes les villes de province. On y découvre « la maison à monsieur Grandet » (édition GF, p. 61) qui est l'homme le plus riche de la ville et qui préfère compter son or que l'utiliser. Son avarice est telle qu'il ne prend même pas la peine d'entretenir sa maison qui est pourtant vétuste. À l'intérieur, tout le mobilier est laid, cassé, souillé par la saleté. Grandet y vit avec son épouse Mme Grandet, une femme sèche et « jaune comme un coing » (*ibid.*, p. 79), sa bonne Nanon, une grande femme laide et docile, et sa fille Eugénie qui fête ses 23 ans.

La fête organisée à l'occasion de l'anniversaire de la jeune fille permet à la famille Grandet de recevoir, après diner, deux familles de notables de la ville : les Cruchot et les des Grassins qui convoitent la jeune héritière. Du côté des Cruchot, le notaire de la ville et un abbé souhaitent marier leur neveu, président du tribunal de première instance de la ville, à Eugénie, de même que les des Grassins, dont le père est banquier, qui veulent marier leur fils à la jeune fille. Les deux familles sont donc opposées, et toute la ville est divisée entre cruchotins et grassinistes.

Pendant cette soirée, un évènement vient secouer la maison : on frappe à la porte. Il s'agit de Charles Grandet, le cousin d'Eugénie qu'elle ne connait pas.

LE COUSIN DE PARIS

Charles Grandet entre dans la salle pour se réchauffer ; son linge est magnifique et ses manières trahissent ses origines parisiennes. Les femmes de la maison lui préparent aussitôt une chambre. Eugénie y met beaucoup de soin car elle est subjuguée par le physique et la présence de son cousin. En même temps, alors que les amis de la famille continuent à jouer au loto, le père Grandet lit une lettre que lui a adressée son frère. Grandet est contrarié par ce courrier dans lequel il apprend la faillite de son frère et son suicide. Il doit prendre en charge son neveu. Les Cruchot et les des Grassins s'en vont en discutant du nouvel arrivant, et toute la famille Grandet va se coucher, sauf M. Grandet qui rejoint son cabinet secret où personne n'est jamais entré et où il compte son or toutes les nuits.

AMOURS DE PROVINCE

Le lendemain, Grandet va voir ses prairies avec sa fille. Ils rencontrent Mᵉ Cruchot qui donne à Grandet un journal dans lequel on apprend la mort du père de Charles. À leur retour, Grandet apprend la nouvelle aux femmes de la maison. Eugénie, très triste pour son cousin, décide de lui préparer un bon petit déjeuner sans en parler à M. Grandet qui trouverait cela trop onéreux. Le jeune orphelin se lève enfin et prend son repas alors que Grandet rentre à la maison... L'homme amène son neveu dans le jardin et lui annonce la mort de son père et sa faillite. Charles se réfugie dans sa chambre pour pleurer son père.

Le soir, tout le monde va se coucher à part le vieil avare qui va dans son cabinet échafauder des plans pour gagner encore plus d'argent.

SERMENTS D'AMOUR

Lors de cette nouvelle journée, Charles et Eugénie se rapprochent et se regardent avec douceur. Le soir, Grandet invite les Cruchot à diner, chose exceptionnelle qui signifie qu'il va parler affaires et qu'il compte gagner de l'argent.

À la fin du repas, Grandet reste avec les Cruchot et leur expose ses plans : il souhaite liquider les affaires de son frère et ne pas le déclarer en faillite, non pas pour sauver l'honneur de son frère mais pour se jouer des Parisiens et faire une bonne affaire financière. Le président de Bonfons – comme désire être appelé le jeune Cruchot – lui explique les démarches et se propose d'aider l'avare. Sur ces entrefaites arrivent les des Grassins qui proposent eux aussi de s'en charger. L'affaire est conclue avec le banquier qui doit aller à Paris et travailler pour Grandet.

Dans la nuit, Eugénie va voir son cousin dans sa chambre. Charles s'est endormi alors qu'il écrivait des lettres à envoyer à Paris. Eugénie, curieuse, en lit une destinée à Annette, la maitresse de Charles. Elle en fait de même avec une lettre destinée à Alphonse, un ami, dans laquelle il lui demande de vendre ses meubles pour payer ses créanciers. La jeune fille triste du sort de son cousin descend dans sa chambre, prend son or et l'apporte au jeune homme qui lui confie en gage un coffret dans lequel se trouve le portrait de ses parents.

Les jours suivants, Charles commence à apprécier la vie en province et se rapproche d'Eugénie. Ils finissent par s'embrasser. En même temps, le père Grandet manigance pour faire partir Charles dans les Indes à peu de frais. Après s'être juré fidélité, le couple se sépare. Charles part.

CHAGRINS DE FAMILLE

La vie reprend son cours chez les Grandet. Mais Eugénie ne pense qu'à Charles. À la veille du Nouvel An, Mme Grandet se rend compte que sa fille a donné son or à son cousin.

Le 1er janvier 1820, le père Grandet est heureux, il reçoit de l'argent, ses affaires se portent très bien, mais, après le déjeuner, il veut voir l'or que sa fille possède. Elle lui avoue ne plus l'avoir, mais n'en donne pas la raison. Son père, entré dans une colère noire, renie et maudit sa fille au grand désespoir de Mme Grandet qui tombe malade. Il décide d'enfermer sa fille dans sa chambre.

La nouvelle se répand vite dans la ville où le comportement de Grandet est jugé sévèrement. Me Cruchot propose d'intervenir. Il profite de la mauvaise santé de Mme Grandet pour dire à l'avare que si elle meurt sa fille pourra hériter de la moitié de la fortune. Grandet est abasourdi par cette nouvelle et décide d'aller faire la paix avec sa fille, mais il la croise dans la chambre de sa mère avec le coffret de Charles. L'avare s'en empare et veut en retirer l'or. Eugénie prend un couteau et menace de se tuer si son père y touche. Mme Grandet, témoin de cette terrible querelle, fait un malaise et meurt quelque temps plus tard.

Le comportement de M. Grandet à l'égard de sa fille change aussitôt et, dès le lendemain, il fait signer à Eugénie un acte de renonciation à l'héritage de sa mère. Grandet garde ainsi la main sur l'argent et ne doit donner qu'une petite rente à sa fille. À la place, il donne les bijoux en or que Charles lui a vendus. Le vieil homme spécule sur les sentiments de sa fille.

Après quelques années, Grandet tombe malade. Il est bientôt paralysé et seul la vue de l'or le console. Il meurt en laissant à Eugénie un héritage de 17 millions. Elle est riche mais seule, et Nanon, qui s'est mariée, devient sa confidente.

AINSI VA LE MONDE

Eugénie reste fidèle à son cousin. Pourtant, le jeune homme qui a fait fortune dans le monde avec de vils marchés (vente de biens volés par des pirates et traite des Noirs) ne respecte pas leur serment. À son retour en France, il est convenu qu'il doit se marier avec Mlle d'Aubrion, une jeune fille laide qui possède un titre qui permettra à Charles d'entrer au faubourg Saint-Germain, quartier parisien où réside la noblesse. Il écrit une lettre à Eugénie afin de lui expliquer son projet de mariage de convenance. Eugénie est résignée. Elle apprend que des Grassins veut mettre l'entreprise du défunt père de Charles en faillite, ce qui empêcherait le mariage du jeune homme avec une noble, mais elle décide de parler avec le président de Bonfons. Elle sait que ce qui intéresse cet homme est son argent. Elle lui propose donc un mariage blanc et lui soumet la condition d'aller à Paris, de régler la succession de son cousin, de lui remettre son coffret et de lui donner une lettre dans laquelle elle écrit : « Soyez heureux, selon les convenances sociales auxquelles vous sacrifiez nos premières amours. » (*ibid.*, p. 245)

Eugénie se marie ainsi avec un homme qui n'attend que sa mort pour hériter de son argent, mais celui-ci mourra quelques jours seulement après avoir été nommé député de Saumur. Il laisse Eugénie encore plus riche et encore belle à 33 ans. Pour autant, Eugénie est toujours seule dans ce monde qui n'est pas le sien. La ville projette déjà de la remarier...

ÉTUDE DES PERSONNAGES

EUGÉNIE GRANDET

Eugénie Grandet est un personnage en plein apprentissage. Jeune fille, elle est niaise et ne connait ni la valeur de l'argent ni le sentiment amoureux, mais l'arrivée de son cousin changera tout et l'ouvrira au monde… Mais un monde où elle ne trouvera pas sa place car elle est incapable de cupidité et de corruption. Ses amours seront donc malheureuses, donnant au personnage une dimension d'héroïne tragique.

L'avarice de son père oblige Eugénie à porter des toilettes sans grâce, mais la jeune fille est belle, d'une beauté pure qui plait aux artistes. En effet, bien qu'ayant une tête énorme, un visage rond et un nez fort marqué, Eugénie reste jolie. Son portrait est tout entier construit autour de la conjonction de coordination « mais » qui permet de rectifier ou du moins d'alléger les caractéristiques avancées d'abord. Ainsi, on apprend qu'Eugénie a le visage rond mais qu'elle a une peau douce et fine ; que son nez est fort mais qu'il s'associe bien avec sa bouche rouge qui est pleine de bonté. Enfin elle est pourvue d'un corsage qui « fait rêver » (*ibid.*, p. 113).

L'héroïne vit dans une maison laide et vétuste alors même qu'elle est pleine de bonté, qu'elle est une sorte d'ange qui s'adapterait mieux au monde du ciel qu'au monde terrestre comme lui soufflera sa mère mourante. C'est d'ailleurs cette grandeur d'âme qui conduit Eugénie à sa perte à cause du don de son or à Charles qui mène son père à la maudire et sa mère à mourir. Enfin, le serment qu'elle fait à Charles est trahi par ce dernier qui préfère se marier par convenance. Eugénie, prisonnière de son milieu, est la victime du monde dans lequel elle évolue qui est tout entier tourné vers le matérialisme. Malgré son malheur, Eugénie conservera jusqu'au bout sa grandeur d'âme et finit par accepter son sort avec résignation.

LE PÈRE GRANDET

Félix Grandet est un petit homme d'un mètre soixante environ. Il a de gros mollets et de larges épaules. Son visage rond et tanné est surmonté par des cheveux « jaunâtres et grisonnants » (*ibid.*, p. 68). Son nez est rond et dominé par un kyste. Enfin, ses yeux ont une expression calme, l'expression des gens surs d'eux.

Grandet est avare. Son avarice est d'ailleurs un des thèmes principaux du roman, car c'est à cause de ce caractère que surviennent les drames. Le lecteur sait tout des propriétés, des rentes, de la fortune de Grandet. Malgré le drame qui se joue, l'auteur place délibérément M. Grandet dans la lignée des personnages comiques, lui faisant répéter sans cesse certaines phrases, en lui donnant un vocabulaire réduit à quelques expressions dans les discussions d'affaires, en l'affublant d'un bégaiement simulé ainsi qu'une prétendue surdité. Enfin, son agonie donne lieu à une scène à la fois comique et pathétique alors que le vieil avare malade est de plus en plus pingre et qu'il veut saisir le crucifix en vermeil que lui tend le prêtre.

Mais le personnage de Grandet revêt aussi un caractère légendaire appelé par son prénom Félix (« félicité »). En effet, c'est un personnage secret dont personne ne connait tout à fait la fortune. En outre, il semble ne pas dormir dans le roman mais être tout entier voué à l'argent. D'autre part, ses actions ont valeur d'oracles dans la ville. Ce que fait M. Grandet est répété par les autres ou donne des indications sur l'avenir. Ainsi, quand l'avare sort avec des gants fourrés, les habitants de Saumur savent que l'hiver sera rude. L'auteur rapproche, enfin, ce personnage du basilic, un reptile fabuleux qui aurait le pouvoir de tuer d'un seul regard.

Enfin, Grandet est un personnage réaliste qui profite de la situation politique pour s'enrichir. Il est le reflet de son époque, une époque matérialiste où le gain est devenu la première de toutes les vertus. L'enrichissement de Grandet se fait d'ailleurs grâce aux héritages qu'il reçoit et à la succession des régimes politiques. Enfin, le nom du personnage est révélateur de ce caractère, car Grandet est l'anagramme « d'argent ».

CHARLES GRANDET

Charles est le personnage qui introduit le mouvement, l'éclat et le drame dans le roman : sa venue, qui rompt l'ordre établi, est un coup de théâtre. Sa beauté et son élégance dénotent dans ce tableau en grisaille dépeint par Balzac. Il est le Parisien au milieu des provinciaux. Pour Grandet, c'est le « mirliflor » (jeune élégant satisfait de sa personne) ; pour Eugénie, Il sera le premier et le seul amour.

Balzac le fait intervenir au moment où subsiste encore en lui un peu d'innocence. Mais l'on voit déjà paraitre un changement : Charles est « déjà vieillard sous le masque du jeune homme ». Le roman d'amour se mue alors en roman d'apprentissage dans la longue description qui relate les années passées aux Indes et le vieillissement accéléré du personnage : « Au contact perpétuel des intérêts, son cœur se refroidit, se contracta, se dessécha [...]. » Alors qu'Eugénie lui reste éternellement fidèle, il est l'inconstance même, qui ne connait que l'intérêt du moment. Parvenir et paraitre sont devenus ses seuls mots d'ordre. Il rejoint ainsi la famille des « lions » balzaciens, composée entre autres de Rastignac, de Rubempré, du Tillet et de Maxime des Trailles.

MME GRANDET

Mme Grandet est une femme sèche et jaune qui a de gros os, un gros nez, un gros front et de gros yeux. Pour autant, elle est pleine de douceur. C'est d'ailleurs d'elle qu'Eugénie tient son caractère angélique.

Elle vit dans l'ombre des volontés de son mari et accepte la vie monotone et pauvre qu'il lui offre. Très chrétienne, Mme Grandet est comparée à l'agneau de Dieu. Elle est pure et compréhensive et accepte les sentiments de sa fille pour son cousin. Cela causera sa perte alors qu'elle préviendra Eugénie que le seul bonheur est celui que l'on trouve au ciel. L'auteur dresse donc un portrait moral avantageux de cette femme qui n'a pas su vivre heureuse dans ce monde car elle en était aussi étrangère que le sera sa fille.

LA GRANDE NANON

Avec le personnage de la grande Nanon, l'auteur dresse le portrait d'un cœur simple. Elle est une femme laide qui a dû quitter une ferme incendiée pour prendre un service de domestique en ville. À son arrivée à Saumur, son allure de soldat de la garde avec sa grande taille rebuta tout le monde sauf Grandet qui la prit comme bonne à tout faire. Nanon lui en est éternellement reconnaissante et elle se montre donc particulièrement fidèle à son maitre. En outre, cette femme est compréhensive. Elle aime profondément Eugénie à qui elle apporte un pâté en cachette du père Grandet qui veut la mettre au pain et à l'eau. Plus tard, alors qu'Eugénie est orpheline, Nanon devient sa confidente et lui reste fidèle.

La ville prête de mauvaises intentions à la servante, mais c'est sans compter sur son cœur qui ignore la corruption. Nanon accepte en effet sa condition et ne cherche pas à la surpasser, elle accepte les cadeaux que lui fait la vie mais ne cherche pas à les provoquer. Tout cela en fait un personnage décrit avec bienveillance par l'auteur.

LES BOURGEOIS DE PROVINCE

Deux familles, notables de la ville, représentent les bourgeois de province. Elles n'ont entre elles qu'un point d'accord : leur détestation de la mode vestimentaire. Cela n'est pas anecdotique, car c'est ce qui les distingue de la bourgeoisie parisienne représentée par Charles. En effet, quand le jeune homme arrive dans la maison des Grandet, il est chargé de nombreuses malles contenant sa garderobe, l'occasion pour l'auteur de détailler la magnificence et la qualité des habits de Charles alors que les habits des Cruchot sont gris, racornis, usés.

Avec ces portraits de bourgeois de province, l'auteur présente une catégorie sociale entièrement tournée vers le profit et dont la seule valeur est la sauvegarde de sa situation.

Les Cruchot

Me Cruchot est le notaire de la ville. Il est jugé riche. Intelligent, c'est un homme fin qui comprend les manigances de Grandet. C'est pourquoi il fera tout pour que son neveu ne parte pas à Paris régler la succession du père de Charles.

Un autre Cruchot est abbé et est comparé à Talleyrand (homme d'État français, 1754-1838). Il est également riche et intelligent comme en témoigne les joutes verbales qui l'opposent à Mme des Grassins.

Ces deux hommes veulent marier leur neveu à Eugénie afin de mettre la main sur l'héritage de Grandet. Le jeune homme est président du tribunal de première instance de Saumur et est promis à une belle carrière. Il est en effet ambitieux, calculateur et cherche à s'élever dans la société. Il se fait d'ailleurs appeler M. de Bonfons. Une fois Eugénie orpheline, il réunira une cour autour de l'héritière et fera tout pour la flatter. Quand il épouse enfin la jeune fille, le contrat de mariage est ainsi fait qu'il n'attend qu'une chose : la mort de son épouse.

Les des Grassins

Les des Grassins sont en concurrence directe avec les Cruchot. M. des Grassins est banquier et souhaite lui aussi que son fils Alphonse épouse Eugénie. Cette volonté farouche mènera cette famille à sa perte. En effet, c'est M. des Grassins qui est chargé d'arranger la succession du frère de Charles à Paris, mais, enivré par la vie parisienne, il prend une maitresse. Toute la ville de Saumur sera bientôt au courant de sa liaison.

Mme des Grassins est une bourgeoise mondaine qui est fière de tenir l'unique salon de Saumur, où elle reçoit tout le beau monde de la circonscription. Femme de tête, elle continuera à tenir la maison malgré les agissements de son mari connus de tous.

Alphonse, quant à lui, part avec son père à Paris. Il n'est donc plus candidat au mariage avec Eugénie.

EUGÉNIE GRANDET, UNE SCÈNE DE VIE DE PROVINCE

La ville de Saumur

Le roman s'ouvre sur la description de la grand-rue de Saumur, qui annonce déjà l'intrigue et fait pressentir les personnages. Les noms ont une signification et donnent le ton général du roman. Saumur évoque l'avarice de Grandet et le conservatisme d'une ville de province, à travers la métaphore de ces eaux grisâtres où tout se conserve et où l'on macère. Froidfond, le domaine de Grandet, annonce quant à lui la froideur et la dureté de pierre de l'avare. La description panoramique qui fait remonter au lecteur toute la rue lui donne enfin une idée des mœurs de la ville, du rang qu'y tiennent les tonneliers, et enfin de la place qu'y occupe M. Grandet. Une hiérarchie de l'argent se dessine, dans laquelle Grandet domine, car il est le « contribuable le plus imposé de l'arrondissement ».

En province, « on vit en public », toujours sous le regard des autres, occupés à juger des actions et à jauger les fortunes. Face à un avare et à une héritière que se disputent deux partis, la curiosité est à son comble : « Ce combat secret entre les Cruchot et les des Grassins, dont le prix était la main d'Eugénie Grandet, occupait passionnément les diverses sociétés de Saumur. » Toute la ville épie Grandet, qui semble doté du don de toujours prévoir l'avenir dans le sens de ses intérêts.

La physionomie des personnages

Néanmoins, si le père Grandet a des caractéristiques propres aux provinciaux comme la culture de la terre ou la volonté de se jouer des Parisiens, il échappe en partie à cette catégorie. En effet, la culture du secret inhérent à son avarice est une spécificité dans Saumur. En outre sa capacité à profiter de tous les régimes et sa dimension légendaire en font bien un personnage à part. De la même façon, Eugénie, habituée à une vie simple loin des préoccupations de la mode ou de l'art de vivre, échappe à cette catégorisation. Sa générosité, sa grandeur d'âme la mettent en retrait du monde et de la société auquel elle appartient. Elle possède une noblesse d'âme qui fait d'elle une héroïne tragique.

On échappe alors à la « physionomie des provinciaux », donc à l'étude de l'organisation de la vie en province et à l'étude des provinciaux et de leurs caractéristiques, en donnant à ces deux personnages une position centrale.

UN TABLEAU TOUT EN GRISAILLE

L'étroitesse

Pour décrire la petitesse de la vie de province, le romancier se fait miniaturiste, s'attache à des détails, use de demi-teintes. Faisant le portrait d'un avare, il doit encore accentuer cette mesquinerie : la maison de Grandet est « sans cesse ombragée », le jardin y est étroit, la végétation rare, un petit pan de mur vient y limiter l'horizon. À l'intérieur, les murs sont nus, les objets médiocres, le froid et l'obscurité règnent. Il faut donner les apparences de la pauvreté. Tout est donc réduit au strict nécessaire : « [Grandet] ne faisait jamais de bruit, et semblait économiser tout, même le mouvement. »

Le temps suspendu

« Si tout arrive à Paris, tout passe en province », écrit Balzac. La vie y semble arrêtée, les heures s'écoulent dans la répétition des mêmes gestes, ceux de la mère et de la fille occupées à leurs travaux de couture, ceux de Nanon et de Grandet, qui confinent à la manie. Lorsque les choses se mettent en mouvement, c'est de nuit et dans le secret. Ainsi, le père Grandet charge avec Nanon des sacs d'or dans une voiture en pleine nuit afin d'aller le vendre à Angers. D'autre part, alors qu'Eugénie reste à attendre Charles, celui-ci parcourt le monde. Alors qu'elle est la fidélité incarnée, il est l'inconstance même. À la fin du roman, Balzac fait un ultime portrait de son personnage, qu'il rédige au présent d'éternité, à la fois pour traduire le temps suspendu de sa vie de recluse et l'éternité dans laquelle elle se meut, puisque, ne prenant pas sa part aux intérêts du monde, elle est « déjà du ciel ».

La grisaille

La couleur générale du roman est le gris : gris des murs, gris des vêtements, demi-jour de la faible lueur d'une chandelle qui éclaire à peine les personnages et fait de cette scène de province un théâtre d'ombres. Le gris est aussi la couleur froide qui symbolise le cœur de Grandet, comparé à du granite. En peintre et en romancier, Balzac tire des contrastes frappants : l'éclat qui entoure Charles lorsqu'il apparait pour la première fois, sa blondeur, sa beauté et sa jeunesse, le luxe de sa toilette, les couleurs vives de son habit, tout ressort sur ce tableau en grisaille.

GRANDET, UN PERSONNAGE HORS DU COMMUN

Grandet, un homme supérieur ?

L'intelligence dans le calcul de ses intérêts fait de Grandet, comme de l'usurier Gobseck, un personnage supérieur. Il est celui dont toutes les prévisions sont couronnées de succès : « Les gens puissants veulent et veillent. » Loin de Saumur, il aurait pu faire de grandes choses, tout comme il aurait pu ne rien donner, transplanté hors de son milieu naturel. Cette grandeur mesquine, rapetissée par l'étroitesse de la vie de province et par la passion basse de l'avarice est inscrite dans son nom, Grandet : « grand », mais suivi d'un suffixe diminutif.

La nuit comme seule alliée

L'avarice de Grandet va de pair avec son gout du secret : pour que personne ne sache la quantité d'or qu'il possède il se réfugie dans son cabinet. Il y va toujours de nuit alors que sa famille et toute la ville de Saumur dorment. Là, dans ce cabinet interdit aux autres personnages et aux lecteurs, il se lance dans des calculs, des manipulations qui rappellent les travaux d'un alchimiste. La nuit semble donc être son allié et le fait apparaitre comme un personnage qui ne vit que pour son or, pour le compter et le faire prospérer, et qui est en dehors du commun des mortels.

Le loup, le rapace et le chien

Habité par sa seule passion, Grandet ne croit ni en Dieu ni au diable (« Que le diable emporte ton bon Dieu ! »). Il est un mari, un père et un citoyen dénaturé. Il maudit sa propre fille pour avoir été généreuse, provoque la mort de sa femme et trahit tous ses concitoyens.

Balzac a recours à la zoologie sociale lorsqu'il use des images traditionnelles du rapace qui enserre ses proies, du chien qui mord ou du loup qui dévore. Face à ce loup, la mère et la fille, immolées sur l'autel des intérêts du père, sont des images de l'agneau : « Agneau sans tache, elle tremblait de laisser cette brebis, blanche comme elle, seule au milieu d'un monde égoïste. »

PÈRE ET FILLE

L'argent est tout pour Grandet,
il n'est rien pour Eugénie

Le père ne croit qu'en l'existence matérielle (« Les avares ne croient pas à une vie à venir, le présent est tout pour eux »), alors que la fille est déjà du ciel. Il y a une absence totale de calcul chez la fille, comme le démontre le don de son or à Charles dans un élan de générosité. Élevée par sa mère, elle ignore tout de la valeur des choses et de la fortune de son père : « Alors, papa doit être riche ? » ; « Qu'est-ce donc qu'un million, mon père ? »

Tout est étroit et petit chez Grandet, tout est large et grand chez Eugénie

La noblesse d'Eugénie, sa largesse de vues, son sens de l'infini sont dictés par la foi et enseignés par l'amour. Si le vocabulaire pour décrire Grandet traduit la mesquinerie, les images pour peindre Eugénie révèlent sa grandeur morale – l'infini, l'océan, le ciel –, qui contraste avec le cadre étroit dans lequel elle est enfermée. Le vieillissement du père, dont l'avarice et la dureté s'accroissent avec l'âge, contraste pareillement avec la naissance de l'amour dans le cœur de sa fille, mouvement d'expansion qui la grandit et l'élève au-dessus de sa condition. Ses « généreux penchants » jusque-là « comprimés » par l'avarice de Grandet s'éveillent. Eugénie nait à elle-même et va s'opposer à son père : on quitte alors la comédie de mœurs pour la tragédie où s'affrontent deux personnages antagonistes.

Ressemblances dans la dissemblance

Néanmoins, la fille hérite du père sa capacité à dissimuler, non pas ses intérêts mais ses chagrins, ainsi que son caractère solitaire et son franc-parler qui va droit à l'essentiel. Si Eugénie fait l'économie de certaines circonlocutions, c'est parce qu'elle est vraie et qu'elle connait le monde. À M. de Bonfons, qui veut son héritage, elle annonce d'emblée : « Monsieur le président, je sais ce qui vous plaît en moi. » Les habitudes de sobriété, qui chez le père étaient le fait de l'avarice, sont chez la fille la marque de l'ascétisme, une forme de renoncement au monde.

UNE TRAGÉDIE BOURGEOISE

Les trois unités

Cette scène de province est présentée par Balzac comme « une tragédie bourgeoise, sans poison, ni poignard, ni sang répandu ; mais, relativement aux acteurs, plus cruelle que tous les drames accomplis dans l'illustre famille des Atrides ». Le cadre unique de Saumur, la salle de la maison Grandet où tout se joue, donne au roman son unité de lieu. De même, on peut parler d'unité d'action à propos des personnages en nombre restreint occupés à la même intrigue que l'on retrouve à sept ans d'intervalle : « La meute poursuivait toujours Eugénie et ses millions. »

Si l'intrigue s'étend sur plusieurs années, la vie répétitive de la province, l'isolement des femmes de la maison Grandet, puis la réclusion d'Eugénie semblent arrêter le temps : on peut donc aussi parler d'unité de temps. La description liminaire des lieux et des personnages est une longue scène d'exposition au cours de laquelle Balzac ménage un suspense, suivie d'une succession de coups de théâtre, jusqu'à la crise du jour de l'an 1820.

Coups de théâtre

Dans cette vie de province confinée, l'arrivée du cousin de Paris bouleverse les plans des uns et des autres. La faillite et le suicide de son père l'entourent d'une aura tragique ; il peut être un prétendant pour Eugénie. Les deux camps rivaux voient donc en lui un adversaire de taille. Le plan ourdi par Grandet pour ne pas payer les créanciers de son frère renverse également les forces en présence, puisque des Grassins et son fils se retirent de la partie pour rester à Paris. Charles parti aux Indes, l'ordre semble revenu, car il était l'intrus. C'est sans compter le don que lui a fait Eugénie de ses pièces d'or, que le père veut récupérer. Cette scène est perçue comme l'affrontement tragique du père et de la fille : elle lui résiste, il la renie. L'affrontement sera d'ailleurs fatal à Mme Grandet qui meurt presque sur scène. Comme dans le drame bourgeois à la manière de Diderot (écrivain français, 1713-1784) et de Greuze (peintre français, 1725-1805), on assiste à une scène de malédiction paternelle, avec de grands effets, des cris, des gestes outrés. Le même pathétique se retrouve dans la scène où Grandet veut s'emparer du nécessaire donné par Charles à Eugénie.

Eugénie, un personnage tragique

Si Balzac joue sur les deux tableaux en donnant également à ces scènes une dimension comique liée au caractère de l'avare, Eugénie est bien un personnage de tragédie. Elle semble en effet condamnée dès la première scène : « Cette jeune fille, [...] traquée, serrée par des preuves d'amitié dont elle était la dupe. » De même, la trahison de son cousin auquel elle reste malgré tout fidèle, relève du tragique. Balzac peint en elle la grandeur cachée en province, la beauté qui s'ignore, la vraie noblesse qui n'est pas celle du monde. Au-dessus des intrigues des hommes, la providence est la réalité supérieure qui déjoue les plans les mieux ourdis. À la fin du roman, la main de Dieu qui « ne frappe jamais à faux » fait mourir le président de Bonfons qui espérait en secret la mort de sa femme : c'est là le dernier renversement de situation, l'ultime coup de théâtre.

PISTES DE RÉFLEXION

QUELQUES QUESTIONS POUR APPROFONDIR SA RÉFLEXION

- « Telle est l'histoire de cette femme qui n'est pas du monde au milieu du monde », conclut Balzac. En quoi cette phrase résume-t-elle le personnage d'Eugénie Grandet ?
- Les noms ont une signification chez Balzac. Expliquez certains d'entre eux par rapport à l'intrigue et aux personnages : Saumur, Froidfond, Grandet, Cruchot, des Grassins.
- Quel est le rôle des descriptions chez Balzac ?
- Expliquez en quoi la maison Grandet est à l'image de la vie d'Eugénie ?
- Montrez en quoi Eugénie Grandet appartient aux « Scènes de la vie de province ».
- Balzac présente *Eugénie Grandet* comme « une tragédie bourgeoise, sans poison, ni poignard, ni sang répandu ; mais, relativement aux acteurs, plus cruelle que tous les drames accomplis dans l'illustre famille des Atrides ». Expliquez.
- En quoi Grandet est-il un personnage comique et en quoi Eugénie est-elle une héroïne tragique ?
- Balzac réussit-il à peindre l'avarice ? Avec quels moyens ?
- Eugénie Grandet peut-il être considéré comme un roman d'amour ?
- Dans quelle mesure peut-on parler de Grandet comme d'un personnage à dimension légendaire ? Qu'est-ce qui en fait un personnage réaliste ?

- Par quels moyens Balzac oppose-t-il la province et Paris ?

- 25 -

Votre avis nous intéresse !
Laissez un commentaire sur le site de votre librairie en ligne
et partagez vos coups de cœur sur les réseaux sociaux !

POUR ALLER PLUS LOIN

ÉDITIONS DE RÉFÉRENCE

- Balzac H. de, *Eugénie Grandet*, Paris, GF Flammarion, 2000, 295 p.

ÉTUDE DE RÉFÉRENCE

- Davin F., « Introduction aux Études de mœurs du xixe siècle », in *Eugénie Grandet*, Paris, GF Flammarion, 2000.

SUR LEPETITLITTÉRAIRE.FR

- Commentaire portant sur le dénouement du *Colonel Chabert* d'Honoré de Balzac.
- Commentaire portant sur l'incipit du *Père Goriot* d'Honoré de Balzac.
- Commentaire portant sur le portrait du père Grandet dans *Eugénie Grandet* d'Honoré de Balzac.
- Fiche de lecture sur *Ferragus* d'Honoré de Balzac.
- Fiche de lecture sur *Les Illusions perdues* d'Honoré de Balzac.
- Fiche de lecture sur *L'Élixir de longue vie* d'Honoré de Balzac.
- Fiche de lecture sur *La Cousine Bette* d'Honoré de Balzac.
- Fiche de lecture sur *La Duchesse de Langeais* d'Honoré de Balzac.
- Fiche de lecture sur *La Femme de trente ans* d'Honoré de Balzac.

- Fiche de lecture sur *La Fille aux yeux d'or* d'Honoré de Balzac.
- Fiche de lecture sur *La Peau de chagrin* d'Honoré de Balzac.
- Fiche de lecture sur *Le Bal de Sceaux* d'Honoré de Balzac.
- Fiche de lecture sur *Le Chef-d'œuvre inconnu* d'Honoré de Balzac.
- Fiche de lecture sur *Le Colonel Chabert*.
- Fiche de lecture sur *Le Lys dans la vallée* d'Honoré de Balzac.
- Fiche de lecture sur *Le Père Goriot*.
- Fiche de lecture sur *Les Chouans* d'Honoré de Balzac.
- Fiche de lecture sur *Sarrasine* d'Honoré de Balzac.
- Questionnaire de lecture sur Eugénie Grandet.
- Questionnaire de lecture sur *Le Colonel Chabert*.
- Questionnaire de lecture sur *Le Chef-d'œuvre inconnu*.

www.lepetitlitteraire.fr

ISBN version numérique : 978-2-8062-9141-7
ISBN version papier : 978-2-8062-9142-4
Dépôt légal : D/2016/12603/879

Avec la collaboration de Pierre-Maximilien Jenoudet pour la présentation de l'œuvre, le résumé du livre, l'analyse d'Eugénie Grandet, du père Grandet, de Mme Grandet, de la grande Nanon et de la bourgeoisie de province ainsi que pour les chapitres « La physionomie des personnages » et « La nuit comme seule alliée ».

Conception numérique : Primento,
le partenaire numérique des éditeurs.

Ce titre a été réalisé avec le soutien de la Fédération Wallonie-Bruxelles, Service général des Lettres et du Livre.

DUMAS
- Les Trois
  Mousquetaires

ÉNARD
- Parlez-leur
  de batailles,
  de rois et
  d'éléphants

FERRARI
- Le Sermon sur la
  chute de Rome

FLAUBERT
- Madame Bovary

FRANK
- Journal
  d'Anne Frank

FRED VARGAS
- Pars vite et
  reviens tard

GARY
- La Vie devant soi

GAUDÉ
- La Mort du
  roi Tsongor
- Le Soleil des
  Scorta

GAUTIER
- La Morte
  amoureuse
- Le Capitaine
  Fracasse

GAVALDA
- 35 kilos d'espoir

GIDE
- Les
  Faux-Monnayeurs

GIONO
- Le Grand
  Troupeau
- Le Hussard
  sur le toit

GIRAUDOUX
- La guerre de
  Troie
  n'aura pas lieu

GOLDING
- Sa Majesté des
  Mouches

GRIMBERT
- Un secret

HEMINGWAY
- Le Vieil Homme
  et la Mer

HESSEL
- Indignez-vous !

HOMÈRE
- L'Odyssée

HUGO
- Le Dernier Jour
  d'un condamné
- Les Misérables
- Notre-Dame
  de Paris

HUXLEY
- Le Meilleur
  des mondes

IONESCO
- Rhinocéros
- La Cantatrice
  chauve

JARY
- Ubu roi

JENNI
- L'Art français
  de la guerre

JOFFO
- Un sac de billes

KAFKA
- La Métamorphose

KEROUAC
- Sur la route

KESSEL
- Le Lion

LARSSON
- Millenium 1. Les
  hommes qui
  n'aimaient pas
  les femmes

LE CLÉZIO
- Mondo

LEVI
- Si c'est un
  homme

LEVY
- Et si c'était vrai…

MAALOUF
- Léon l'Africain

MALRAUX
- La Condition humaine

MARIVAUX
- La Double Inconstance
- Le Jeu de l'amour et du hasard

MARTINEZ
- Du domaine des murmures

MAUPASSANT
- Boule de suif
- Le Horla
- Une vie

MAURIAC
- Le Nœud de vipères

MAURIAC
- Le Sagouin

MÉRIMÉE
- Tamango
- Colomba

MERLE
- La mort est mon métier

MOLIÈRE
- Le Misanthrope
- L'Avare
- Le Bourgeois gentilhomme

MONTAIGNE
- Essais

MORPURGO
- Le Roi Arthur

MUSSET
- Lorenzaccio

MUSSO
- Que serais-je sans toi ?

NOTHOMB
- Stupeur et Tremblements

ORWELL
- La Ferme des animaux
- 1984

PAGNOL
- La Gloire de mon père

PANCOL
- Les Yeux jaunes des crocodiles

PASCAL
- Pensées

PENNAC
- Au bonheur des ogres

POE
- La Chute de la maison Usher

PROUST
- Du côté de chez Swann

QUENEAU
- Zazie dans le métro

QUIGNARD
- Tous les matins du monde

RABELAIS
- Gargantua

RACINE
- Andromaque
- Britannicus
- Phèdre

ROUSSEAU
- Confessions

ROSTAND
- Cyrano de Bergerac

ROWLING
- Harry Potter à l'école des sorciers

SAINT-EXUPÉRY
- Le Petit Prince
- Vol de nuit

SARTRE
- Huis clos
- La Nausée
- Les Mouches

SCHLINK
- Le Liseur

SCHMITT
- La Part de l'autre
- Oscar et la
  Dame rose

SEPULVEDA
- Le Vieux qui
  lisait des romans
  d'amour

SHAKESPEARE
- Roméo et Juliette

SIMENON
- Le Chien jaune

STEEMAN
- L'Assassin
  habite au 21

STEINBECK
- Des souris et
  des hommes

STENDHAL
- Le Rouge et
  le Noir

STEVENSON
- L'Île au trésor

SÜSKIND
- Le Parfum

TOLSTOÏ
- Anna Karénine

TOURNIER
- Vendredi ou
  la Vie sauvage

TOUSSAINT
- Fuir

UHLMAN
- L'Ami retrouvé

VERNE
- Le Tour
  du monde
  en 80 jours
- Vingt mille
  lieues sous
  les mers
- Voyage au
  centre de
  la terre

VIAN
- L'Écume des jours

VOLTAIRE
- Candide

WELLS
- La Guerre des
  mondes

YOURCENAR
- Mémoires
  d'Hadrien

ZOLA
- Au bonheur
  des dames
- L'Assommoir
- Germinal

ZWEIG
- Le Joueur
  d'échecs

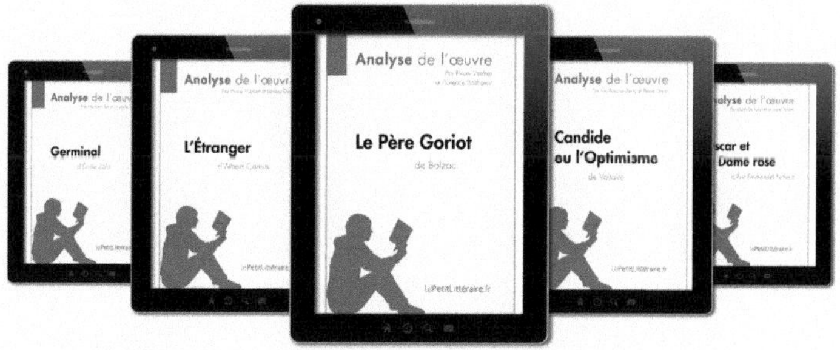